# La Educación Sexual Integral va a la escuela
## *Propuestas posibles para implementar en el aula*

# La Educación Sexual Integral va a la escuela

## Propuestas posibles para implementar en el aula

*Compilación*
Ps. Andrea P. Travaini
Directora Instituto Municipal de la Mujer (IMM)

*Textos y selección de experiencias*
Lic. Marcela V. Ferraro
Ps. Jacqueline Narváez
Tca. Sup. Familia y Niñez María A. Mieres

*Colaboración*
Lic. Elena Barbieri
Mags. Lilian Diodati

*Edición final*
Lic. Carolina Monje

Travaini, Andrea
    La Educación Sexual Integral va a la escuela: propuestas posibles
    para implementar en el aula / compilado por Andrea Travaini.
    - 1a ed. 2a reimp. - Rosario: Homo Sapiens Ediciones, 2019.
    92 p. ; 24x17 cm.


    1. Educación Sexual. I. Travaini, Andrea , comp. II. Título
    CDD 372.372

1ª edición, julio de 2013
2ª reimpresión, noviembre de 2019





Ilustraciones de tapa e interior: Luciana Grossi
Coordinación editorial: Laura Di Lorenzo

Este libro se terminó de imprimir en noviembre de 2019
en **Buenos Aires Print** de Walter A. Santiago | Tel. 011 4225-6553
Pte. Sarmiento 459 | Lanús | Buenos Aires | Argentina

# Índice



## PRIMERA ESTACIÓN

## SEGUNDA ESTACIÓN

# Prólogo

El Municipio de Rosario desarrolla desde hace 25 años políticas públicas por la igualdad entre varones y mujeres pero sabemos que el trabajo, para dar frutos, no sólo debe ser sostenido y a largo plazo sino que además debe atender especialmente a quienes se incorporan como nuevos y nuevas ciudadanos y ciudadanas.

Por eso, desde el Instituto Municipal de la Mujer —organismo público que impulsa las transformaciones necesarias para alcanzar una sociedad igualitaria y sin discriminaciones— sostenemos como eje de trabajo el impulso de una nueva educación no sexista para niños y niñas de toda la ciudad.

Esta publicación representa una experiencia inédita de trabajo cultural articulado entre una editora local, la editorial rosarina Homo Sapiens, y el estado municipal a través del Instituto de la Mujer. El IMM ha recopilado experiencias de trabajo desarrolladas a lo largo de los últimos años desde el Estado Municipal y las acerca aquí a educadores y educadoras en general, traducidas en propuestas de intervención concretas para las aulas y espacios de juego y diversión de nuestros niños y niñas.

Celebremos este esfuerzo compartido recordando que la escuela y el juego son ámbitos privilegiados para la construcción de prácticas sociales inclusivas, igualitarias y antidiscriminatorias.

Dra. Mónica Fein
Intendenta
Municipalidad de Rosario

# Introducción

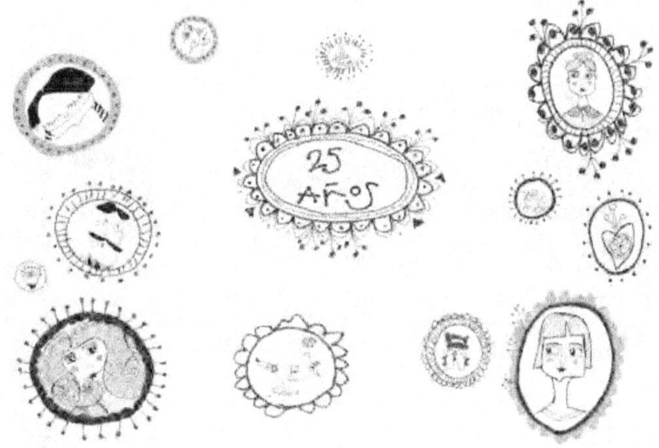

En la ciudad de Rosario, Argentina, el Municipio lleva 25 años implementando políticas públicas activas para lograr la igualdad entre varones y mujeres. Cada iniciativa ha sido y es el resultado de una construcción colectiva entre el gobierno local y la sociedad civil que ha permitido transformar necesidades prácticas en acciones estratégicas. La creciente concientización social acerca de la relación que existe entre la asignación de roles estereotipados a mujeres y varones y la reproducción de la violencia de género, ha orientado el trabajo del Instituto Municipal de la Mujer (IMM) —organismo público que trabaja por la igualdad de género— al fomento de una Educación No Sexista para niños y niñas a desarrollarse tanto en ámbitos formales como no formales de educación.

La experiencia del Municipio —que en gran parte conforma los contenidos del presente texto— se ha dado en el marco de la problematización de las asimetrías de poder tanto en los grupos familiares como en los institucionales, desde una dimensión relacional de los derechos de las mujeres, niños, niñas y adolescentes.

A medida que se amplía el abordaje, y la complejidad de dichos escenarios, se hace necesario impulsar la **educación no sexista** de niñas, niños y adolescentes para que las acciones comiencen a tener un impacto significativo y preventivo en la erradicación de todo tipo de violencia o desigualdad.

Reconociendo este proceso entendemos necesario plantear la necesidad imperiosa de comenzar a producir transformaciones con impactos profundos a corto y largo plazo.

Esta publicación pretende ser un instrumento en la formación de docentes, tutores y cuidadores de niños/as de nivel inicial y primario en lo concerniente a la **prevención de las violencias** desde:

Nuestro trabajo da cuenta del proceso de instauración de mecanismos de prevención de las violencias desde edades tempranas asumiendo como direccionalidad y **desafío** la transformación de las estructuras sociales, culturales e ideológicas que siguen fortaleciendo relaciones desiguales entre varones y mujeres, entre niños y niñas, entre jóvenes, entre adultos, entre personas con diferentes accesos a bienes materiales y simbólicos; así como también entre personas de diferentes capacidades, etnias u orientación sexual.

A la vez compartiremos una selección de experiencias ancladas en conceptos claves para una Educación No Sexista, experiencias que actúen como señuelos en una trayectoria hacia una educación no discriminadora y con perspectiva de género.

Tal vez nada más oportuno que recurrir al juego de las metáforas, metáforas que nos den el registro continuo de que estamos en viaje, en tránsito de un modelo educativo basado en la diferenciación de niños y niñas —a partir de la asignación de deseos, roles y características de acuerdo al sexo— a una educación abierta, plural que contemple a todas las infancias como experiencias posibles y singulares, ajustadas a las sub-jetividades propias.

Así, trazando los contornos imaginarios de un puerto, con la idea de un mar en movimiento en el que una botella surca las aguas en su trayecto hacia un horizonte en el que niñas y niños conjuguen su proceso educativo con el desarrollo de todas sus potencialidades humanas.

Para ello, la partida no puede ser otra que un interrogante —donde este recorrido tomará nuevos itinerarios, con representaciones e imaginarios a construir y otros a deconstruir—, un interrogante en una botella al mar:

**¿Educamos por igual a niños y niñas
en la sensibilidad, en la afectividad,
en la independencia, en la autonomía,
en la expresión de los sentimientos,
en el desarrollo físico e intelectual,
en derechos y oportunidades?**

*Pongo estos seis versos en mi botella al mar
con el secreto designio de que algún día
llegue a una playa casi desierta y un niño la encuentre y la destape
y en lugar de versos extraiga piedritas
y socorros y alertas y caracoles.*

Mario Benedetti

Este viaje imaginario propuesto por el texto presenta dos estaciones principales.

En la primera, un recorrido por conceptos y herramientas teóricas permiten el acercamiento a la educación no sexista básicamente a través de la promoción de una educación antidiscriminatoria, basada en la democratización de las relaciones humanas y en el abordaje integral de la educación sexual.

Una segunda navega por diversas experiencias pensadas para trabajar tanto en el aula, con alumnas y alumnos, como en la formación docente, y finalmente un Taller de reflexión para padres, madres y nuevas familias, con el propósito de ilustrar distintos acercamientos a la implementación de nuevas prácticas educativas.

Finalmente un calendario anual que propone visibilizar y difundir fechas clave en torno a la memoria de todos los derechos humanos y fundamentalmente de los derechos de las mujeres.

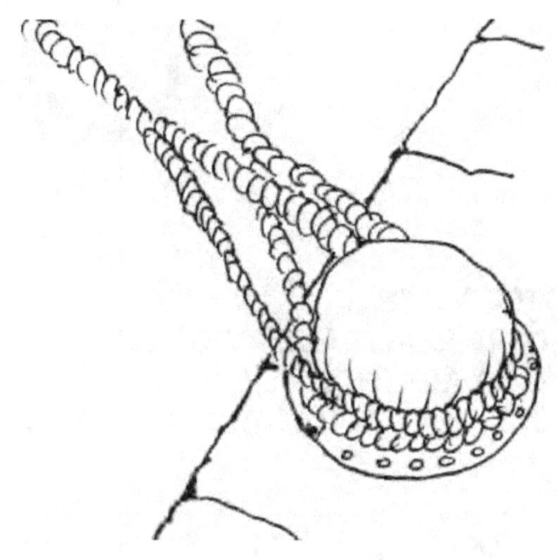

# PRIMERA ESTACIÓN

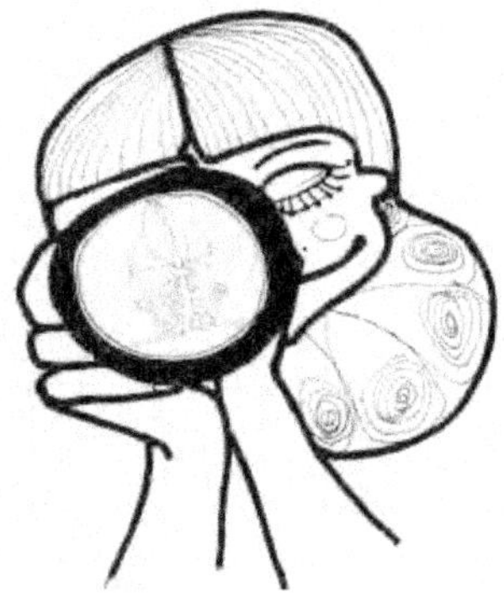

**INICIANDO NUESTRO VIAJE...**
**NAVEGAREMOS SOBRE REALIDADES VIGENTES...**
**DESAPRENDIENDO LO APRENDIDO...**
**AVISTANDO CONOCIMIENTOS VÁLIDOS Y CREATIVOS...**

Las transformaciones sociales, económicas y culturales acaecidas desde el último cuarto del siglo XX en adelante, también incorporaron la perspectiva de género al diseño de las políticas públicas, siempre en el marco de normativas internacionales y de la promulgación de leyes nacionales, provinciales e incluso locales que buscan atenuar desigualdades y suspender acciones discriminatorias creando diferentes abordajes y dispositivos de intervención y asignando recursos.

Pero se hace necesario aclarar que las diferentes formas de discriminación y violencia no conforman una realidad nueva, sino que lo relativamente nuevo es la decisión de trabajar en las transformaciones necesarias para erradicarlas.

Han dejado de considerarse "problemas personales" y se ha generado conciencia acerca de que conforman una "problemática social". Y en tanto problemática social, son precisamente ámbito de las políticas públicas, las que implican la puesta en acto de medidas y programas dedicados a su atención y a la promoción de derechos y prevención de toda forma de violencia.

El abordaje desde un enfoque general de derechos humanos posiciona a mujeres, niños, niñas y demás colectivos diversos como sujetos de todos los derechos.

# DESAPRENDIENDO LO APRENDIDO...

La prevención de las relaciones desiguales y discriminatorias conlleva una necesaria des-educación sexual, que nos permita derribar los mitos que introdujo la formación diferencial genérica (varón/mujer) para luego iniciar nuevos aprendizajes en sexualidad integral que nos guíen hacia vidas más saludables y plenas.

¿Por qué hablamos de des-educación? Ser varón y ser mujer son conceptos históricos y sociales, es decir que cada época le ha asignado representaciones diferentes y por lo tanto hay muchas maneras de ser varón o ser mujer, infinitas formas de pertenecer a uno u otro género.

Cada momento histórico, sin embargo, ha tenido representaciones hegemónicas respecto de cómo se "debe ser" varón o mujer y en estas construcciones estereotipadas se funda la negación de las singularidades subjetivas y el desconocimiento de las diversidades y los deseos propios.

Nuestra cultura, asentada en las bases de un paradigma hegemónico abonado por premisas genéricas de socialización, reproduce formas de vinculación que al otorgar un valor diferencial a las características humanas, las constituye en jerarquías

La escuela, inserta en dichos escenarios sociales, tiende a reproducir en los niños y niñas valores y normas sociales de la época y la comunidad que las y los rodean.

De ahí que, aun cuando se lleven a cabo políticas de igualdad de oportunidades entre los géneros, la escuela siga actuando como vehículo reproductor de estereotipos sexistas.

Éstos se encuentran muy presentes en los imaginarios culturales tradicionales que naturalizan las relaciones asimétricas de poder entre varones y mujeres. La discriminación y brechas de género se profundizan cuando se enlazan con otras diferencias sociales y culturales.

## LINEAMIENTOS TEÓRICO-METODOLÓGICOS

Cuando hablamos de la niñez en la actualidad estamos haciendo referencia a las múltiples "infancias" como construcciones socio-históricas influidas actualmente por el complejo proceso de mundialización de la cultura, donde la tecnología y el consumo determinan —entre muchas otras variables— la concepción y el modo en que se es niño o niña en nuestra contemporaneidad.

Según Sandra Carli (2011),

> *"las infancias se configuran con nuevos rasgos en sociedades caracterizadas, entre otros fenómenos, por la incertidumbre frente al futuro, por la caducidad de nuestras representaciones sobre ellas y por el desentendimiento de los adultos, pero también por las dificultades de dar forma a un nuevo imaginario de la infancia".*

El reconocimiento de las diversidades en su más amplio sentido —familias diversas, diversas formas de ser niño o ser niña, diversos gustos e intereses, etc.— es el primer paso hacia una educación no sexista y una democratización de las relaciones humanas en el interior de la escuela.

*Durante mucho tiempo, las sociedades y las personas entendimos que hablar de sexualidad era posible recién en el momento en que las jóvenes y los jóvenes ya dejaban de serlo. Esto era así, entre otros factores, porque el concepto de sexualidad estaba fuertemente unido al de genitalidad. Desde esta mirada, la educación sexual en la escuela se daba preferentemente en la Educación Secundaria —y en particular durante las clases de Biología— y se priorizaban algunos temas, como los cambios corporales en la pubertad o la reproducción humana.*

*Cuestiones vinculadas a **la expresión de sentimientos y de afectos, la promoción de valores relacionados con el amor y la amistad y la reflexión sobre roles y funciones atribuidos a mujeres y a varones no formaban parte de los contenidos vinculados a la educación sexual.***

*Con el desarrollo de los conocimientos de diversas disciplinas, y con la definición de los derechos de la infancia, también fuimos avanzando en otras formas de comprensión de la sexualidad. Así, llegamos a una definición más amplia e integral, y hoy podemos pensar desde otro lugar la enseñanza de los contenidos escolares vinculados a ella.*

*El concepto de sexualidad que proponemos —en consonancia con la Ley de Educación Sexual Integral— excede ampliamente la noción de "genitalidad" o de "relación sexual".*

Los procesos de democratización de las relaciones sociales son significativos a la hora de pensar en una educación sexual integral e implican garantizar iguales posibilidades de desarrollo en todos los aspectos de las potencialidades humanas.

La normativa internacional y nacional, al plantear la inseparabilidad de los derechos sexuales y reproductivos de los derechos humanos, contribuye a derribar los mitos y mandatos sociales donde se jerarquiza y dicotomiza el desarrollo de las sexualidades, hecho que trae aparejada la necesidad de la puesta en acto de una transformación que conlleve una democratización de las relaciones, posibilitando acuerdos y consensos entre pares, sin coerciones ni violencias.

De allí la importancia de sustentar el nexo entre **educación sexual integral** y **democratización** en lo referente a la **prevención de la violencia**.

> *Deborah Britzman identifica tres versiones de la educación sexual: la "normal", normalizadora de los cuerpos y el deseo; la "crítica" que cuestiona a las relaciones de poder y reivindica los derechos sexuales y reproductivos, y la que denomina la "aún no tolerada", que apunta al cuidado de sí y del otro como práctica de la libertad.*
>
> *"El gran desafío de la incorporación sistemática de cuestiones de sexualidad en la escuela parece ser la posibilidad de construir situaciones de confianza y respeto por las experiencias de los/as alumnos/as."*
>
> *Educación en la sexualidad desde el enfoque de género. Una antigua deuda de la escuela.* Graciela Morgade

Esta "incorporación sistemática de la educación sexual integral a la escuela" de la que nos habla Morgade sólo será posible desde el marco de una educación no sexista que permita deconstruir los efectos de una naturalización de lugares para unas y otros y la conformación de estereotipos genéricos rígidos.

Así, frente a los modos de relacionamiento de grupos familiares, comunitarios y entre pares que han sido y siguen siendo en muchos casos formas de relaciones abusivas instaladas en diversos órdenes como formas naturalizadas del ejercicio del poder –un poder devenido en violencia–, la constitución de relaciones sociales democráticas representa una forma de acceso a la conformación de relaciones igualitarias y respetuosas tanto en el ámbito privado como público.

Por lo tanto, la democratización de las relaciones sociales y familiares es un eje clave a tener en cuenta en las experiencias para la prevención de la violencia resultante de las diferentes formas de discriminación.

Así podríamos decir que la incorporación de la Educación Sexual Integral a la escuela presupone necesariamente una Educación No Sexista que permita democratizar las relaciones sociales hacia adentro (entre alumnos y alumnas, entre docentes y alumnos/as, etc.) y hacia afuera de la escuela (entre familias y docentes, entre alumnos y familias, etc.).

## • Coeducación

La común acepción y utilización del término refiere a la educación conjunta de varones y mujeres, en la búsqueda de mayor igualdad.

El concepto se desarrolla en España, a partir de diversas experiencias que han puesto en debate la **confusión existente entre la igualdad de acceso a la educación con la educación para la igualdad de oportunidades.**

La coeducación no debe pensarse sólo como la educación conjunta de dos colectivos humanos específicos (mixta), sino como parte de un proceso de aprendizajes y desaprendizajes que propone el desarrollo de todas las potencialidades humanas en ambos géneros.

Al involucrar un **método de intervención educativo en ámbitos escolares,** sus bases se asientan en el reconocimiento de las potencialidades e individualidades de niñas y niños, independientemente de su sexo.

No se trata de concebir los espacios educativos simplemente en forma mixta o estrictamente diferenciada según los sexos. Se trata de direccionar el acontecer de los aprendizajes, eliminando los estereotipos por razones de sexo, suprimiendo situaciones de desigualdad y jerarquías culturales sexistas.

La coeducación es, por tanto, educar desde la igualdad de valores de las personas:

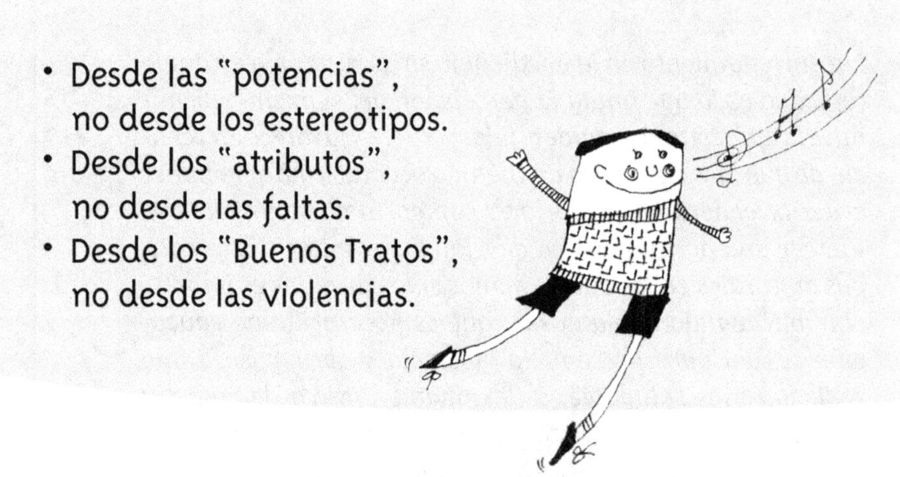



Por ende, es importante pensar al concepto de coeducación como parte de un proyecto de democratización de las relaciones sociales. Formulado en términos de política pública por la orientación hacia la eliminación de la discriminación por razones de sexo, etnias, diferentes consumos culturales, es decir, como parte de un proyecto político más amplio, en el que se incluyan las diversidades y se profundicen los procesos de ampliación de ciudadanías.

## ALGUNAS LÍNEAS DE INTERVENCIÓN PROPUESTAS...

En el actual escenario citado y partiendo del reconocimiento a las diversas infancias, se requiere un trabajo particular en cuanto al desarrollo de parámetros que contribuyan a una educación igualitaria, no discriminatoria.

Desde este lineamiento se hace primordial incluir a las personas que acompañan el proceso de crecimiento de niños y niñas: docentes, madres/padres, familiares, tutores/as. Se trata de incorporarlos no desde la planificación específica del ámbito escolar sino sobre todo en la vida cotidiana.

Agnes Heller sostiene que la vida cotidiana es más que aquello que las personas realizan en forma reiterada y común todos los días, es el ámbito donde cada acción encierra la posibilidad de reproducción social. De allí la importancia de revisar cómo ha sido o es la educación y por ende la socialización cotidiana.

**Se trata de incorporar:**

- el Buen Trato.
- la Democratización de los grupos familiares.
- la Coeducación.
- el pleno Desarrollo Emocional de niños/as
  y adolescentes,
- la Resolución de conflictos sin violencia.

**Las estrategias diferenciadas de intervención
resultan entonces:**

- Habilitar procesos de autorreflexión,
  reconocimiento y cuestionamiento siempre
  desde el **Buen Trato** como mecanismo
  de prevención de las violencias personales,
  grupales, comunitarias, sociales.

- Diseñar estrategias y acciones de
  prevención que privilegien
  la **educación no sexista
  como una "educación de
  los afectos"**, comprendiendo
  a éstos como la trama vincular
  que humaniza y permite
  la vinculación en la no
  jerarquización de las diferencias
  y en el abordaje de
  los conflictos de forma
  no violenta.

- Abordar desde las potencias,
  las habilidades, y no desde
  las carencias o los estereotipos.

Abordar en el ámbito escolar desde esta
mirada, implica hacer un esfuerzo en mirar
mas allá de lo que aparentan los niños/as,
proponer acciones y actividades en conjunto
con otros docentes, aprovechando
las destrezas particulares de cada uno/a.
De acuerdo a lo expresado por Ferreira (1998),
descartar las costumbres de reprimir,
sobrexigir, inferiorizar, comparar o criticar
a niños y niñas convencidos de que esas
son las formas de estimularlos a que aprendan
o se superen. **Ningún maltrato es educativo
sino que logra que se almacene odio y
resentimiento frente a las humillaciones
y destruye la autoestima**.

• Evitar el autoritarismo y la obediencia
producida por el miedo y la opresión a fuerza
de mandatos y órdenes en lugar del respeto
a través del ejemplo, de la conversación
y los acuerdos, del estímulo afectuoso y
positivo y del reconocimiento de
los propios errores cuando sea necesario.

• Orientar con afecto y firmeza, evitar las violencias
como modo de resolución de conflictos.

• Profundizar los principios del **"Buen trato"**.
Este concepto, desde una perspectiva
de **prevención** de las violencias,
prepara para el diálogo, el consenso,
la negociación y la resolución de
los conflictos en forma no violenta.

## ¿Cómo podríamos definir
## los Principios del "Buen Trato"

- **Reconocimiento:** Considerar a los otros
como personas cuyos puntos de vista deben
ser tenidos en cuenta. Aceptarlos en su
individualidad y en su derecho a ser
escuchados.

- **Empatía:** Es la habilidad para saber
que sienten los demás. Si reconocemos
y aceptamos nuestros sentimientos,
podremos aceptar y reconocer los de
los niños/as.

- **Interacción:** Es lo que nos permite trabajar
con los otros, establecer equipos, lazos de
afecto y amistad. Es una relación de doble
vía, permite que uno/a y otro/a nos veamos
y reconozcamos.

- **Comunicación afectiva:** Se trata de una
comunicación abierta donde las personas
pueden decir lo que sienten y lo que piensan,
con mensajes claros y asertivos, respetando
y escuchando lo que los otros piensan.
Ser escuchado y poder escuchar a los otros
constituye la relación y hace real el sentirse
bien tratado.

- **Negociación:** En nuestra vida cotidiana
todas/os tenemos acuerdos y desacuerdos.
Ser capaces de resolverlos es fundamental
para mantener un clima de buen trato.

## ¿Cómo negociar bajo los principios del "Buen Trato":

- Ser concientes de los verdaderos problemas.

- Atacar el problema, no a la persona.

- Escuchar sin interrumpir, como base
  de la comunicación afectiva.

- Ser concientes de los propios sentimientos
  y preocuparse de los sentimientos de los demás.

- Expresarse de manera clara y sin acusaciones.

- Poner en juego la tolerancia mientras se dicen
  las verdades sin ofender ni humillar.

- Ser responsables de lo que se hace y se dice.

- Emplear afirmaciones en primera persona, las
  cuales favorecen la sinceridad mutua.

Para resolver los conflictos es necesario practicar la escucha activa y traducir el enojo en afirmaciones claras y no acusatorias. Pero, por sobre todo, es necesario que las partes deseen dilucidar el conflicto.

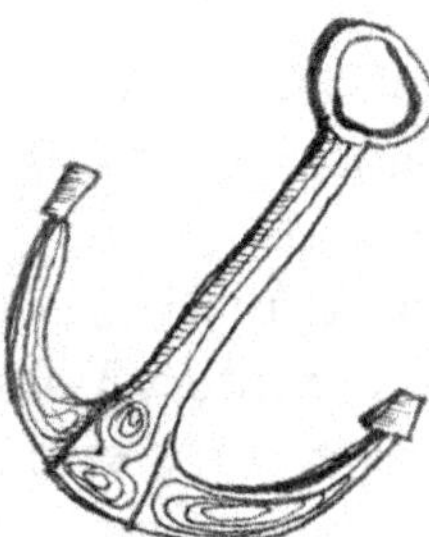

## NUESTRO GLOSARIO:
## ENTRE ANCLAS Y AMARRAS

El lenguaje nos define siempre nuestra cosmovisión; la forma en que nombramos define a la vez la forma en que vemos, sentimos y pensamos el mundo. Es por esto que nos pareció necesario incorporar a esta publicación un glosario que incluyera terminología asociada a esta nueva perspectiva pedagógica que nos ofrece una Educación no Sexista para niños y niñas.

Aquí van conceptos claves que nos ayudarán a interpretar mejor y precisar ideas...

 ### GÉNERO

Un acercamiento al género permite conceptualizarlo como un conjunto de ideas, representaciones, prácticas, prescripciones sociales de una cultura basadas en las diferencias anatómicas entre los sexos. En tanto construcción social, es un elemento constitutivo de las relaciones sociales y alude a una forma primaria de poder. Opera en varias y múltiples dimensiones de la vida social humana: en el orden simbólico, en el normativo, en el institucional, en el orden de la identidad y la subjetividad.

El género, en tanto categoría analítica, provee los modos de decodificar los significados que las culturas otorgan a la diferencia entre los sexos, y a la vez el modo como esos significados impregnan las complejas conexiones que existen entre las diferentes formas de interacción humana, posibilitando así la visibilización de aquellos aspectos de las relaciones sociales que crean y reproducen diferencias sistemáticas en la posición que ocupan mujeres y varones en la sociedad.

## PERSPECTIVA DE GÉNERO

La Perspectiva de Género implica la lectura y el examen crítico de la realidad de las personas, las condiciones, situaciones y necesidades de las mismas en un momento y contexto social determinados.

Permite analizar y comprender las características y elementos que intervienen en las relaciones intergenéricas, así como sus efectos en los diversos campos de la vida social, habilitando una construcción de sentido no discriminatoria ni jerarquizada.

## SISTEMA SEXO/GÉNERO

El sistema sexo-género es una categoría de análisis utilizada por las ciencias sociales desde el último cuarto del siglo XX que facilita el acceso al cuestionamiento de los valores y creencias acerca de las relaciones entre los sexos.

El sistema sexo/género bien puede explicarse como un conjunto de acuerdos por el cual la sociedad transforma la sexualidad biológica en productos de la actividad humana y en los cuales estas necesidades transformadas son satisfechas. Además, el sistema sexo/género, al posibilitar el desplazamiento del sexo como elemento explicativo de las relaciones sociales, sustituyéndolo por el género, permite comprender las relaciones de subordinación y dominación que existen entre mujeres y hombres, cómo la desigual distribución de poder entre los sexos influye en la manera en que mujeres y hombres desarrollan sus capacidades personales, profesionales y sociales, y cómo se otorgan significados a las personas dentro de la sociedad (identidad, valor, prestigio, ubicación en la estructura de parentesco, estatus en la jerarquía social). De este modo bien puede afirmarse que entonces el género abarca tanto el producto de la construcción social como el proceso de su representación.

## ANDROCENTRISMO

Este concepto asigna el carácter universal a la visión masculina del mundo y de las cosas, asignándole la representación de la globalidad de la humanidad.

El androcentrismo, al afirmar que la experiencia masculina incluye todas las experiencias humanas, impregna profundamente las relaciones de poder, la producción cultural y el pensamiento científico, generalizando el pensamiento masculino como parámetro de estudio y análisis de la realidad.

Esta visión androcéntrica del mundo es una forma de sexismo, porque implica la invisibilidad de las mujeres y de su mundo, el ocultamiento y la negación de la mirada femenina y los aportes realizados por ellas.


## ROL/ROL DE GÉNERO

El rol se refiere a la función o a la posición adjudicada a las personas en la sociedad o en ciertas situaciones en un momento histórico concreto. Comprende los atributos, actitudes, valores y comportamientos que la sociedad asigna a todas las personas en razón de su sexo biológico.

En tanto comportamientos individuales esperados en función del sexo, producen efectos desde el momento del nacimiento ya que por nacer niña o niño se prevé la manifestación y el desarrollo de determinadas capacidades, incidiendo así en el proceso de socialización reforzando la aparición de ciertas habilidades y valores u obstaculizando otras atribuidas al otro sexo.

Así los roles adjudicados a mujeres y varones como resultado de una conducta aprendida, que responden a un modelo hetero-normativo, no sólo son cuestionables sino también modificables ya que la propia dinámica social no es única y estable y se redefine de acuerdo a los cambios que se operan en la sociedad.

Por lo tanto en el propio proceso educativo y fundamentalmente en la escuela se hace necesario el abordaje de una ampliación de los conceptos de lo femenino y lo masculino con sus roles asignados.

 ESTEREOTIPOS/ESTEREOTIPOS DE GÉNERO

Los estereotipos responden a ideas preconcebidas que están muy arraigadas e inciden notablemente en las conductas, los comportamientos y las actitudes que tienen las personas en relación a su grupo de pertenencia.

Desde los roles atribuidos a mujeres y varones se generan estereotipos construidos a partir de los distintos papeles que ambos colectivos desarrollan en la sociedad. Si los estereotipos son modelos de conducta social basados en opiniones preconcebidas que asignan conductas y valores a las personas en relación a elementos como sexo, edad, etnia, clase, etc., los estereotipos de género responden a modelos, comportamientos y actitudes definidos por el sexo de las personas sin tener en cuenta su individualidad.

Estos atributos genéricos no sólo delimitan los criterios de la conformación de la masculinidad/feminidad de las personas, sino que además condicionan su capacidad para desarrollar libremente su personalidad, restringiendo su libertad de elección y atentando contra sus derechos.

Por lo tanto los estereotipos de género son negativos tanto para mujeres como para varones, en tanto modelos cerrados que dificultan el desarrollo de características individuales independientemente del sexo. No obstante debe tenerse en cuenta que los estereotipos femeninos cuentan con menos prestigio social que los masculinos, ya que implican una devaluación que incide en la generación de situaciones de desigualdad y discriminación.

| ESTEREOTIPOS FEMENINOS | ESTEREOTIPOS MASCULINOS |
| --- | --- |
| Espontaneidad | Razón |
| Ternura | Violencia |
| Debilidad | Fuerza |
| Intuición | Inteligencia |
| Subordinación | Autoridad |
| Superficialidad | Profundidad |
| Sumisión | Dominio |
| Pasividad | Actividad |
| Abnegación | Inconformismo |
| Volubilidad | Tenacidad |
| Suavidad | Rudeza |
| Dependencia | Independencia |
| Escasa necesidad sexual | Fuerte impulso sexual |

## MITO DEL "AMOR ROMÁNTICO"

Es uno de los mitos que, junto al de la **pasividad erótica femenina y al de mujer-madre**, han conformado en la modernidad el nuevo pacto entre varones y mujeres.

Anteriormente las uniones de pareja eran definidas por los patriarcas de las familias que acordaban el matrimonio para sus hijos/as con el fin de perpetuar lazos sanguíneos y de herencia.

Según Ana María Fernández (1989: 204): "el discurso heroico del amor moderno resaltará la unión indisoluble", "hasta que la muerte los separe", "el uno para el otro", "la fidelidad recíproca, un ideal de armonía" que junto a los otros mitos mencionados "trabajarán eficaz y productivamente gestando sus significaciones imaginarias sociales para garantizar el claustro hogareño de la mujer burguesa".

Aun en la actualidad este mito sigue haciendo mella en la subjetividad femenina, en relación a "ser de otros y para otros".

## MUNDO PÚBLICO/MUNDO PRIVADO

El discurso social, al marcar los distintos usos de los espacios, distribuye y asigna protagonismos dependiendo del género de sus habitantes, posibilitando en consecuencia que los roles adjudicados parcelen y repartan las diversas funciones en función del sexo. Esta división sexual de las funciones y expectativas sociales trae aparejada, como resultado, la división del campo de actuación, presencia y responsabilidad, en dos sectores bien diferenciados. Por un lado, el público que implica las tareas relacionadas en general con la vida económica, política y social. Es un territorio destinado y ocupado mayoritariamente para y por los varones, que guarda una íntima relación con el trabajo productivo y su valoración social. Por otro, el privado que involucra la organización y atención de la familia y las labores derivadas del cuidado del hogar, como el ámbito señalado principalmente como de y para las mujeres. Lugar del trabajo reproductivo, de actividades no mercantiles, permanece en un segundo plano con una menor valoración social.

Este punto de vista permite la visibilización de la división sexual del trabajo, identificando al trabajo remunerado –productivo– y no remunerado –reproductivo– destinados a hombres y mujeres en función de los roles de género que tradicionalmente se les ha asignado.

## IGUALDAD/IGUALDAD DE GÉNERO

La igualdad se define como una relación de equivalencia, y tiene una doble acepción:

- Igualdad formal, ante la ley.
- Igualdad real, participación plena de todas las ciudadanas y ciudadanos en la vida política, económica, cultural y social.

Por su parte la igualdad de género implica la aceptación y valoración por igual de las diferencias entre mujeres y varones La igualdad entre mujeres y hombres puede ser definida como el trato idéntico o diferenciado, que resulta en una total ausencia de cualquier forma de discriminación contra las mujeres por ser mujeres, en lo que respecta al goce y ejercicio de todos sus derechos humanos

## LENGUAJE NO SEXISTA

El lenguaje no es una construcción arbitraria de la mente humana sino un producto social e histórico que condiciona la forma de pensar y percibir el mundo.

En tanto una de las principales vías de transmisión y comunicación permite la organización e interpretación de las propias experiencias, así como la acumulación de conocimientos a través de su uso.

Así como refleja la realidad social, su uso también evidencia las relaciones entre los géneros; por lo tanto, al ser como un instrumento clave en la transmisión de los valores sociales y culturales, refleja una realidad estructurada conforme a parámetros de género operando como elemento de transmisión de la desigualdad genérica.

Se habla del sexismo en el lenguaje cuando se manifiestan aspectos tales como:

- Utilización del masculino universal como criterio estándar, totalizador y universal produciendo una invisibilidad de las mujeres, por ejemplo: "la historia del hombre".
- Adjudicación de diferentes simbologías para conceptos similares, situación en la que frecuentemente se torna despectivo e infravalorado lo asociado culturalmente a lo femenino, por ejemplo: hombre público/mujer pública, zorro, zorra...

Los cambios que, a partir de las reivindicaciones de las mujeres, se están produciendo en los papeles sociales de ambos sexos exigen una adecuación de la lengua para liberarla de los estereotipos discriminatorios. Por lo tanto –fundamentalmente por la constante evolución del lenguaje y su capacidad de influir positivamente en el comportamiento humano y en la percepción de la realidad–, el lenguaje sólo será incluyente si existe la voluntad de hacerlo cambiar.

## DISCRIMINACIÓN/DISCRIMINACIÓN POR GÉNERO

La discriminación es una conducta culturalmente fundada, sistemática y socialmente extendida de menosprecio contra una persona o grupo de personas sobre la base de un prejuicio negativo, y tiene por efecto –intencional o no– dañar sus derechos y libertades fundamentales. La discriminación por género hunde sus raíces en un conjunto de mitos, costumbres, teorías científicas y filosóficas, las cuales remiten a la idea de que las mujeres son inferiores a causa de sus características biológicas. Este argumento se ha utilizado y se utiliza aún para excluirlas del derecho a la igualdad legal, económica o al acceso a la esfera pública y el reconocimiento.

## SEXISMO

El término sexismo remite al mecanismo por el cual se concede supremacía a un sexo en detrimento del otro, habilitando así conductas y actitudes que suponen jerarquías y discriminación.

Si bien abarca todos los ámbitos de la vida y las relaciones humanas, dificultando así una relación exhaustiva de todas sus formas de expresión, es a través de las manifestaciones del lenguaje en donde se evidencian sus alcances con más claridad.

## VIOLENCIA DE GÉNERO

Es la violencia que se dirige contra las mujeres por el hecho mismo de serlo. Una definición de violencia que incorpore la perspectiva de género implica una enunciación abarcativa que exponga y haga visible la violación del derecho a la libertad, a la integridad personal y a la salud, el cercenamiento del pleno goce de los derechos civiles, sociales, económicos y culturales de las mujeres y las niñas. La violencia de género no sólo es una de las más graves violaciones a los derechos humanos de las mujeres, sino que es un asunto legítimo de los derechos humanos.

Pero también la inclusión del enfoque genérico posibilita, por parte de los diferentes abordajes existentes, el trascender el aspecto descriptivo incursionando en la explicación, ya que la violencia basada en el género revela fundamentalmente las relaciones desiguales de poder entre varones y mujeres, los prejuicios y creencias desvalorizadoras sobre lo femenino.

## CURRÍCULUM OCULTO

El currículum oculto hace referencia a todos aquellos conocimientos, actitudes y valores que se adquieren mediante la participación en procesos de enseñanza y aprendizaje. Alude a aquellos conocimientos que determinada sociedad ha construido y transmitido a través de acciones legitimadas, así como también a prácticas cotidianas que, si bien pasan desapercibidas, impactan en el aprendizaje.

Por ejemplo, así como la escuela aboga en su currículum explícito por una educación igualitaria entre los géneros, en los procesos de interrelación social entre los diferentes actores sociales implicados se deslizan aspectos que coadyuvan a la reproducción de condiciones sexistas, tales como distribución de actividades y materiales, lenguaje, una cosmovisión androcéntrica o las propias expectativas del personal docente.

## NUEVAS MASCULINIDADES

Este término fue pensado dentro de la construcción social de identidades en el marco de las relaciones sociales de género. Y como un nuevo posicionamiento de los varones ante los cambios sociales provocados por el movimiento feminista de los años 60 y 70.

Dichos movimientos han puesto en evidencia las desigualdades existentes entre varones y mujeres. Desde este acontecer histórico se van construyendo espacios para la conformación de nuevas subjetividades en las que los puntos de encuentro son la fuerte critica al androcentrismo, la oposición a la masculinidad hegemónica (privilegio de lo masculino en detrimento de lo femenino) y el reclamo por la igualdad de derechos y oportunidades.

En este marco podemos hablar de "nuevas masculinidades", así como asociarlas inevitablemente al desarrollo de nuevas feminidades en cuanto creemos que el concepto de género es relacional e histórico.

El medico psicoanalista Juan Carlos Volnovich, al hablar sobre nuevas masculinidades, afirma:

*"en el camino de lograr una mayor igualdad entre mujeres y varones hay mucho por hacer y mucho que se ha hecho, hubo avances y retrocesos. Pero una de las situaciones fundamentales en las que hay que trabajar es la participación de los varones en la crianza de las niñas y de los niños desde los primeros momentos del nacimiento. Mientras no se resuelva algo con respecto a este tema será muy difícil avanzar en una mayor igualdad entre varones y mujeres".*

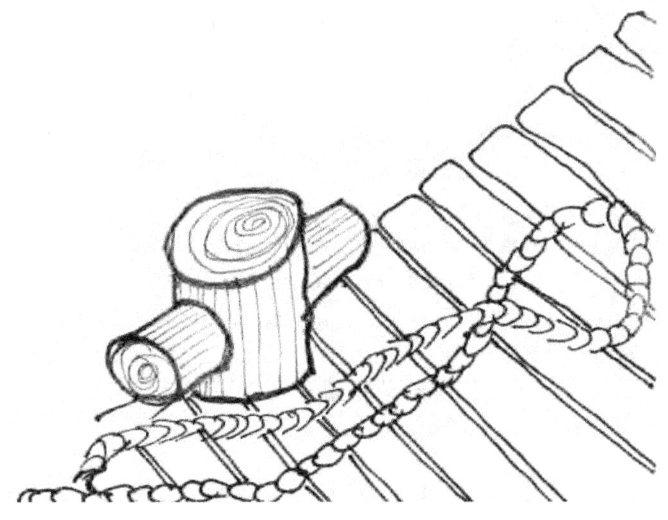

# SEGUNDA ESTACIÓN

## HACIA UNA EDUCACIÓN NO SEXISTA...
## APORTES PARA SER MÁS ENRIQUECEDOR NUESTRO VIAJE

Soltando amarras, con viento en popa, descubrimos estrellas de mar en nuestro navegar... y vamos divisando la costa.

### Niñas y Niños[*]

*Un niño y una niña no son dos niños.*

*Una niña no es el femenino de un niño.*

*Una niña cuidando a un niño*
*no es una madre.*

*Un niño que crece no es un juguete.*

---

[*]. *Celebrando a Niñas y Niños.* Liliana Daunes. Buenos Aires, 2005.

*Un niño que roba para comer no es un delincuente.*

*Un niño preso es una acusación para nuestra
pretendida humanidad.*

*Un revólver de plástico no es un juguete,
sigue siendo un revólver.*

*Una niña anoréxica no es una Barbie.*

*Un niño o una niña desnutrido/a son un grito
que no calla nunca.*

*Un niño o una niña golpeados son nuestros
sueños lastimados.*

*Una niña que prostituyen no es una prostituta.
Es una víctima del abuso sexual. Una víctima
también de nuestra indiferencia.*

*Un niño que trabaja no es un trabajador.
Es una víctima del capitalismo.*

*Un niño que golpea a una niña no
es una sorpresa. Repite la antigua
historia que aprendió de padres,
abuelos y bisabuelos.*

*El maltrato hacia la mujer es tan
antiguo como el patriarcado.*

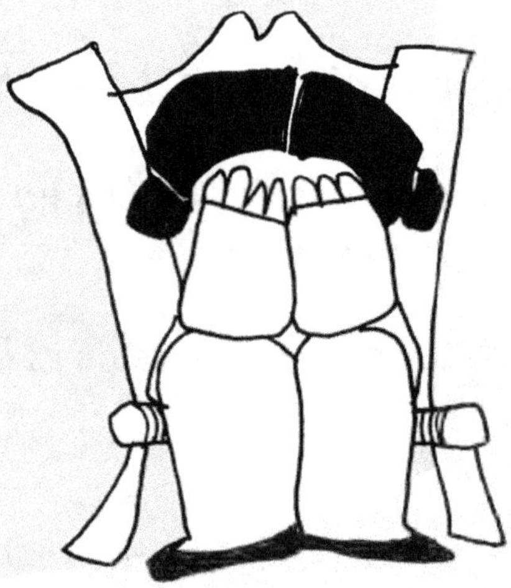

A partir de aquí, nuestro viaje nos exige ponernos en movimiento, es decir empezar a nadar nuevas aguas en la construcción de una escuela más cercana, que nos abarque como sujetos a cada uno y a cada una en nuestra singularidad.

Es ficticio pensar en la posibilidad de aislar al proceso educativo del contexto socio-histórico en el que se inserta. Al tratarse de un fenómeno social, tiene dimensiones que complejizan los hechos y por ende, las relaciones de enseñanza/aprendizaje.

Por tanto, el conjunto de relaciones de aprendizajes que se entretejen en torno a un acontecimiento educativo, es un microcosmos demostrativo del escenario social, trasmite los bienes culturales y socializa el conocimiento científico producido, pero además es responsable de reproducir relaciones sociales.

Una educación sexista es aquella en la que existe una clara y rígida división entre lo que se espera de los varones y de las mujeres de acuerdo a las generalizaciones o estereotipos presentes en una sociedad o cultura determinada. Ya vimos que una educación sexista da carácter natural e instintivo a estos estereotipos que en verdad son histórico-sociales y se transfieren a través de la familia, la escuela, los medios de comunicación, publicidades y demás mediaciones sociales.

Les proponemos darle una traducción práctica a los principios de una educación no sexista y animarse a implementar en sus espacios de trabajo, formación, etc. las actividades y experiencias que a continuación les planteamos:

Desplegaremos —primero— actividades pensadas para orientar el trabajo de docentes con niñas y niños, desarrollando en el aula actividades que permitan fomentar relaciones de igualdad y respeto.

En segundo lugar, actividades para incluir en instancias de formación docente, es decir "entre pares" y también para la reflexión con educadoras/es, padres, madres y demás familias.

# ACTIVIDADES PARA DESARROLLAR
## CON NIÑOS Y NIÑAS

Antes de iniciar el trabajo y durante el mismo, les proponemos registrar:

- ¿Cómo se vinculan los grupos entre sí?
  (ternura-agresividad)
- Acercamiento a la consigna de los juegos:
  asombro-gusto-disgusto
- Distribución por género del espacio geográfico.
- ¿Juegan por separado niñas y niños?
- Pasividad/actividad de niños y niñas.
  ¿Se puede hablar de actitudes definidas
  por género?
- ¿Se presentaron situaciones conflictivas?
  ¿Formas de resolución?
- Adultos que acompañan a los niños y niñas:
  ¿promueven la distribución igualitaria
  de los espacios y juegos?

# Recreos especiales

**REFERENCIA:** Experiencia del trabajo de la Supervisión de Jardines Particulares (Secretaría de Promoción Social. Municipalidad de Rosario). Mayo de 2011.

El recreo es el espacio en el que "la norma" opera mientras se supone que no lo está haciendo, es decir que su impacto es aún mayor porque la norma opera "naturalizada".

Precisamente por eso es que hablamos de la necesidad de incorporar **"recreos especiales"**, espacios provechosos para cuestionar formas de juego y reparto de juguetes estereotipados y sexistas, según características asignadas tradicionalmente a varones o a mujeres, contribuyendo a fortalecer la igualdad de oportunidades para los niños y las niñas.

**ACTIVIDAD:** Repensar lo lúdico como un elemento esencial a la hora de formar en la igualdad, apuntando a desarrollar por igual capacidades humanas de niños y niñas permitiéndoles elegir libremente, sin imposiciones culturales.

Disponer pelotas, cartas, tableros de ajedrez, sogas de saltar y promover grupos de juego que incluyan a varones y mujeres por sus intereses reales y no por la expectativa que pesa sobre cada uno y una.

# Cajas multicolores

**OBJETIVO:** Esta actividad promueve en niñas/os el conocimiento de la existencia de múltiples identidades sexuales, más allá de la dicotomía femenino/masculino.

**CONSIGNA:** Se dispondrán 6 cajas de diferentes colores en cuyo interior se colocarán juguetes y por otro lado, un tren de tres vagones; un vagón rosa, otro celeste y otro blanco. Se habilitará a cada niño a tomar libremente juguetes de las diversas cajas y al cabo de unos quince minutos se les solicitará que los guarden en los vagones del tren que les parezca (vagones rosa, celeste o blanco), ayudándolos a desconocer cualquier correspondencia entre colores, juguetes y sexos.

**ELEMENTOS NECESARIOS:**
- Seis cajas grandes forradas/pintadas y recubiertas con material impermeable (colores: amarillo, naranja, verde manzana, lila y roja).
- Diferentes juguetes (treinta y cinco)
- Tren con tres vagones, tela celeste, rosa y blanca, para a los vagones.
- Fibrofácil de 3 mm, pinturas, cartones para reforzar caja, para ambientar los sectores en función de los juguetes que se elijan para jugar.

# Intercambio de roles

**OBJETIVO:** Esta actividad promueve la visibilización de los roles y funciones asignados a varones y mujeres y su carácter arbitrario, desconociendo mandatos e impulsando el juego libre.

**CONSIGNA:** Se dispondrán seis sectores: cambiado del bebé, lavado de la ropa, sector de cocina para limpiar, pista de autos, fuerte con soldados y finger fútbol.

El grupo deberá subdividirse en grupos de cinco niños y niñas y todos jugarán al menos en dos sectores sin restricciones.

**ELEMENTOS NECESARIOS:**
- 7 cubos, friselina verde oscura, marrón claro, celeste, rosa, rojo y amarillo.
- 3 bebés, talco, pañales, mamadera, cochecito/cuna, rociador pequeño con agua aromatizada, algodón.
- 2 fuentones pequeños, ropita, pelotitas de telgopor pequeñas para simular agua y jabón, jabón de utilería, soguita y palitos.
- Rociador con agua, talco, cocina, alacenita, escoba, plumero, paños, palita, cesto.
- Pista de fibrofácil, adornos plásticos autitos.
- Fuerte de madera, soldados, indios, carretas.
- Fútbol para dedos/Metegol de mesa.

# Oficios y profesiones

**OBJETIVO:** Problematizar intereses y deseos de varones y mujeres desconociendo estereotipos e imposiciones sexistas.

**CONSIGNA:** En un primer momento se presentarán diversos tipos de sombreros (enfermero/a, carpintero/a, bombero/a, jardinera/o y cocinera/o) y entre todos/as se descubrirá a qué profesión corresponde cada uno.

Luego todos tomarán del baúl el sombrero que corresponde a la profesión elegida (la que más les guste) y del otro baúl el accesorio que corresponda a la misma:
- Enfermero/a: jeringa, termómetro y estetoscopio.
- Carpintero/a: martillo, serrucho y cinta métrica o metro carpintero.
- Bombero/a: extintor, manguera y escalerita.
- Jardinera/o: pala, regadera y guantes.
- Cocinera/o: palo de amasar, batidor y sartén.

**ELEMENTOS NECESARIOS:**
- 1 baúl de goma eva, 30 sombreros (blancos, rojos, ver otros colores), goma eva blanca, roja, negra, marrón claro, 8 tubos de plástico duro de colores, aerosoles vacíos, varillas redondas de fibrofácil, mini escaleritas armadas con varillas rectangulares, manguera, picos de manguera, pegamento universal, papel glacé, témperas, pinceles, metro carpintero, martillo, serrucho, pistola, estetoscopio, set de policía, palita, regadera, guantes, palo de amasar, sartén y batidor, etc.
- Canastos/cajas con objetos.

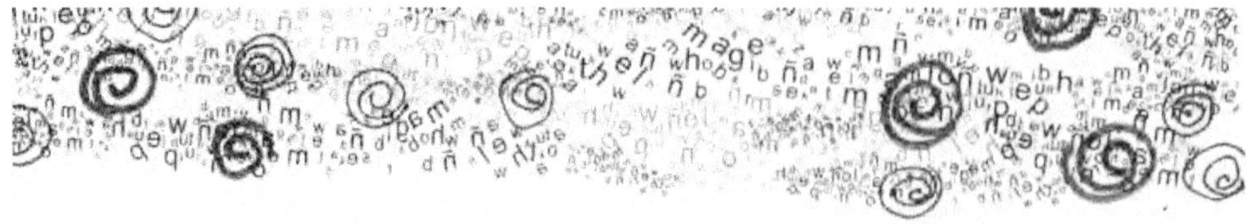



# Creando moda

**OBJETIVO:** La vestimenta es una construcción sociocultural más, que suele utilizarse para designar identidades sexuales y transmitir información en relación a la edad, al sexo, al grupo étnico o de pertenencia. Proponemos desconocer supuestos y repensar el diseño de la imagen de cada uno y cada una libremente recordando que existen culturas, por ejemplo, en las que los varones usan polleras (galeses, escoceses). Resignificar el rosa y el celeste.

**CONSIGNA:** En este espacio encontrarán encastres con siluetas humanas a las que podrán disfrazar con diferentes vestimentas, accesorios y telas de distintas texturas.

**ELEMENTOS NECESARIOS:**
Retazos de telas de colores, polleras y pantalones rosas y celestes, encastres de madera, cinta al bies gruesa para unir partes encastre, pegamento universal, bolsitas individuales tipo Ziploc para guardar encastres de madera, canastitos plásticos de colores para disponer material, 4 mesas chicas, 30 tablitas de natación de goma eva gruesa para hacer las siluetas, pelucas con lana y sombreros (en miniatura).

ACTIVIDAD 6

# Siluetas gigantes

**OBJETIVO:** Repensar el cuerpo como un espacio propio, libre, territorio de lo lúdico.

**CONSIGNA:** Se dispondrán siluetas gigantes de la figura humana a las que tendrán que contornear en algunos casos enhebrando hilos de colores, en otros podrán colocar círculos con abrojos o rectángulos, una vez contorneada la figura colocarán la cara, el pelo y un sombrero a elección.

Luego deberán elegir 3 objetos con los que podría jugar ese niño o niña que crearon y los colgarán en los ganchos que se dispondrán cerca de la silueta.

**ELEMENTOS NECESARIOS (PARA REALIZARLO A GRAN ESCALA):**
6 recortes de fibrofácil de 1 x 0,60 con silueta, 6 estructuras cilíndricas de hierro, 18 soportes para colgar de estructuras los objetos, 6 paños de telas de color, cordones de colores, círculos de madera de colores o botones gigantes, rectángulos de pañolenci de colores, abrojos, 30 objetos (cartera, pelota, definir otros), pelucas, círculos gigantes (caras), siluetas de sombreros.

# Una mirada especial

**OBJETIVO:** Visibilizar imposiciones que pueden desprenderse de lo que se considera culturalmente una mirada femenina, una masculina. Descubrir lo propio más allá de cualquier definición sexista priorizando la propia subjetividad.

**ACTIVIDAD:** Se dispondrá un tríptico de flores gigantes de fibrofácil en el que posteriormente se colocarán las fotos. En un primer momento se les presentarán las imágenes y se dialogará sobre lo que se ve en cada caso. Luego se les presentarán 3 modelos de anteojos: uno con adornos rosas, otro con adornos celestes y otro con adornos bicolor.

Posteriormente tomarán, de a uno por vez, un par de anteojos de la bolsa al azar y, en función del que les toque, retirarán una foto de la mesa y la colocarán en el panel que elijan. Luego se verá que la mirada de cada uno/a es "personal" y no definida por su sexo.

**ELEMENTOS NECESARIOS:**
25 anteojos grandes, accesorios celestes, rosas (brillantes), pegamento universal, bolsa de acetato verde manzana, 30 fotos de diferentes situaciones plastificadas en frío, 3 flores gigantes, abrojos, pañolenci, una mesa grande, una tela color verde manzana.

# Descubriendo texturas y formas

**OBJETIVO:** Redescubrir el propio cuerpo, ampliar el registro de información que puedo percibir a través de todo mis sentidos como el tacto, el olfato, etc.

**CONSIGNA:** Dispuestos en ronda, se podrá cantar una canción y luego se solicitará a un niño y a una niña a la vez que pasen al frente; una vez que tengan los ojos tapados, se les pedirá que saquen de una bolsa un juguete. Una vez elegido el mismo, los compañeros por turno le harán preguntas en relación a cómo son estos juguetes (suave, áspero, rugoso, redondeado, con puntas, peludo, duro, blando, etc.) y se irán registrando en un pizarrón las características. Habrá una grilla subdividida en dos y la completarán según cada caso adivinando de qué se trata.

**ELEMENTOS NECESARIOS:**
Pañuelos de colores, bolsa color lila, 10 juguetes mixtos, pizarrón, recortes de texturas suave, áspera, rugosa, redondeada, con puntas, peluda, dura, blanda.

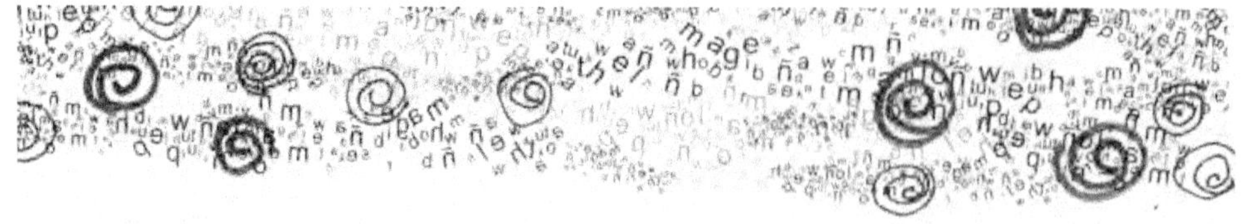



# Siluetas intervenidas

**REFERENCIA:** Esta actividad se realizó en el espacio lúdico municipal "Isla de los Inventos" (Rosario, Argentina - 2012) con cursos de niveles Inicial y Primario, en el marco de la Campaña por el Juego y Juguete no Sexista. (Esta campaña se realiza anualmente por disposición de la Ordenanza Municipal Nº 8385.*)

**OBJETIVO:** Abrirse a inventar, crear y rescatar formas de manifestación física de la propia singularidad/subjetividad de cada niño y niña, para desarrollar capacidades y aptitudes al margen de estereotipos.

**CONSIGNA:** Se invita a cada niño o niña a que intervenga siluetas libremente con todos los materiales a su disposición, apelando a su imaginación, potencialidad y creatividad, en la construcción de un juego/juguete no sexista propio.

**ELEMENTOS NECESARIOS:**
Recortes de telas, botones, hilos, adornos, ovillo de lanas, lentejuelas.

---

*. Ver página 66. Disponible en: http://www.rosario.gov.ar

# Jugar y crear sin diferenciar

**REFERENCIA:** Trabajos presentados para la 1° Jornada Municipal de Educación no Sexista: estrategias y herramientas para su implementación" (realizada en agosto de 2012 por el grupo IPA Argentina junto al Instituto Municipal de la Mujer, Municipalidad de Rosario.)

**CONSIGNA:** El ludotecario/a invitará a formar una ronda y comenzará diciendo "BATI-BATI". Todos acompañarán moviendo el pie derecho. Luego se repetirá "BATI-BATI" con el pie izquierdo. Todos/as saltaremos cuando el Ludotecario diga "BATIDORA". Todos comenzarán a girar sobre sí mismos y en el espacio hasta volver a formar la ronda, dándose a conocer a sus compañeros tanto de la derecha como de la izquierda con su nombre. Así se repite varias veces teniendo, con diferentes consignas, la posibilidad de encontrarse con diferentes personas.

**TIEMPO ESTIMADO:** 10 minutos.

# Juego de la oca

**CONSIGNA:** En el piso del salón desplegaremos un gran juego de la oca, los/as presentes tirarán por turnos un dado y, a diferencia del clásico juego de la oca, habrá diferentes casilleros que contendrán las siguientes leyendas:

- *¿Qué hubiera pasado si Caperucita roja hubiera sido varón?*
- *Nombra tres juguetes de tu infancia.*
- *Soy hombre porque me gusta...*
- *¿Cómo caminaría un hombre con tacos altos?*
- *Dicho popular: Detrás de un gran hombre siempre...?*
- *Menciona alguna semejanza entre mujeres y hombres.*
- *Frases habituales hacia las mujeres que manejan.*
- *¿Los juegos y los juguetes tienen sexo?*
- *Nombra recursos de poder que tienen los hombres.*
- *¿Qué frase has oído de cómo debe comportarse una mujer?*
- *Nombra tres oficios en femenino.*
- *Soy mujer porque me gusta...*
- *¿Qué movimientos corporales realiza un hombre cuando tiene mucho hambre?*
- *¿Qué cosas te contaron que no puede hacer un varón?*
- *¿Sexo y género significan lo mismo?*
- *¿Qué ves? Relata una publicidad de juguetes a elección.*
- *Dramatizar esta situación: una niña intenta jugar con un autito y su madre le llama la atención.*
- *Trasformar el aviso publicitario antes relatado al rol inverso (niño/a; niña/o).*
- *¿Qué te sugiere el color rosa?*

**TIEMPO ESTIMADO:** 30 minutos

# Juegos y juguetes

**CONSIGNA:** Con los ojos cerrados y en silencio cada participante deberá pensar y recordar los juguetes que utilizaba en su infancia. De todos los juguetes que hayan recordado/elegido deberán escoger uno, el que más les guste. Luego deberán dibujarlo en una hoja, colorearlo y recortarlo. Las diferentes partes que compongan el juguete se unirán para que tenga movimiento.

Cada participante jugará con su juguete construido, lo moverá, lo desplazará, le pondrá sonido y lo relacionará con los otros juguetes. Una vez realizada esta instancia deberán intercambiar los juguetes entre los participantes y jugar con ellos: moverlos, desplazarlos, ponerles sonido y relacionarlos con los otros juguetes.

**ELEMENTOS NECESARIOS:**
Fibras de colores, tijeras, block de hojas blancas de dibujo, ganchos mariposas.

**TIEMPO ESTIMADO:** 40 minutos.

# Saludo y despedida:
# la ronda del beso

**OBJETIVO:** El propósito de esta actividad es favorecer el compartir y la expresividad enumerando prejuicios que voy a erradicar y deseos que voy a cumplir. Por medio de las frases "hoy dejo..." y "hoy tomo..." me afirmo. Por ejemplo: "hoy dejo mi cansancio y desmotivación y tomo el espacio como algo favorable para mí".

**CONSIGNA:** Los/as participantes formarán una ronda, la ludotecaria tomará la mano de uno/a y comenzará a girar saludando con un beso a cada uno/a de las participantes.

Finalmente cada uno/a relatará algo que ese día dejará de hacer o sentir a partir de allí y algo que incorporará como nuevo, repitiendo "hoy dejo..." y "hoy tomo"...

**TIEMPO ESTIMADO:** 5 minutos

# Aprendiendo a ponerle palabras a mis sentimientos y sensaciones

**REFERENCIA:** Esta experiencia de trabajo se realizó en el Nivel Inicial del Colegio Dante Alighieri de Rosario bajo la iniciativa de la docente María Paula Lo Celso (Sala Naranja del Turno Mañana) y resultó ganadora del concurso nacional organizado por la Fundación Leer y la revista Nueva en 2012.

**OBJETIVOS:** Sentir es inherente a todo ser humano, es parte de crecer. Por eso cuando un niño quiere expresarse es importante poner el SENTIR en palabras, ayudándolo a encontrarlas. Es por esto que el libro resulta un recurso muy útil para trabajar esas sensaciones y sentimientos que el niño experimenta a diario pero que muchas veces no logra expresar. En este aprendizaje poco a poco iremos creando una "conciencia afectiva" que será una herramienta primordial para la vida ya que hará que el niño sea consciente de lo que vive y siente, lo cual lo hará más independiente y autónomo, a la vez que le permitirá contar con la claridad de la palabra necesaria a la hora de manifestar lo que le pasa.

**CONSIGNA:** El trabajo se centrará en los libros *Monstruo triste, monstruo feliz* (Ed Emberly y Anne Miranda, Editorial Océano, Barcelona, 2009) y *La oficina de los besos perdidos* (Fernando de Vedia, Editorial Atlántida, Buenos Aires, 2005).

- Lectura del cuento *Monstruo triste, monstruo feliz*. Para escuchar la narración viajamos a la "Isla de los cuentos". En la primera semana trabajamos nombrando e identificando las emociones.
- Primero lo cuento literalmente, otro día lo narro.

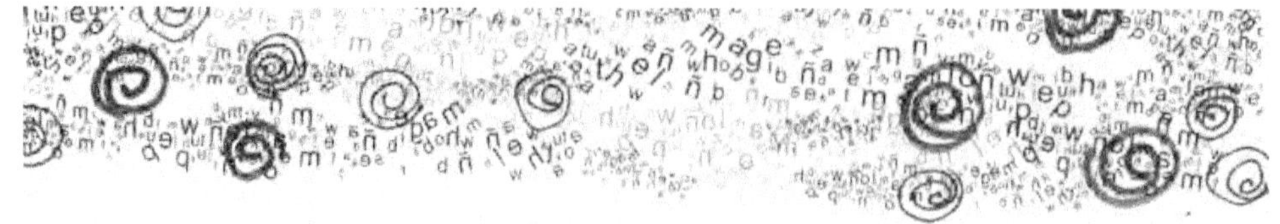

- Hablamos sobre nuestras emociones, qué me pone triste y qué feliz. Utilizamos las máscaras para contarlo, cada uno selecciona la máscara acorde a su sentir.
- Realizamos nuestras máscaras, cada uno elige cómo se siente hoy y así la construye. Luego explica por qué se siente así.
- En la ronda inicial pregunto: ¿Cómo se sienten hoy? Y ayudo recordando el nombre de las emociones. Otro día pregunto: ¿De qué color me siento hoy? Otro día conversamos sobre: Cuando me siento triste, ¿en qué parte del cuerpo lo siento? ¿Y cuando me siento feliz?
- Segunda semana: voy a trabajar qué cosas me ponen triste y qué cosas me ponen feliz.
- Lectura del cuento *La oficina de los besos perdidos*.
- Reflexionamos sobre Anna, la protagonista: ¿Cómo se sentirá Anna? ¿Conversamos sobre los besos? ¿Qué significan? ¿Qué quieren expresar? ¿Puedo dar un beso a mi compañero o a alguien sin que me autorice? Instalamos la noción de respeto por el cuerpo del otro, pidiendo el permiso o preguntándole si desea recibir mi beso o mi abrazo.
- Construimos el libro de los besos. Hay muchas formas de mandar besos: el beso mariposa, el beso de hormiga, etc. Inventamos besos, los dibujamos y pintamos y armamos nuestra "oficina de besos", todo en un libro.
- Realizamos un mural con la cara de cada uno expresando una emoción. Lo armamos juntos y lo pegamos en la sala. Le ponemos un nombre a nuestra obra de arte.
- Pintamos un beso cada uno y elegimos a quién se lo queremos enviar. El mismo se entregará a cada padre en la reunión de padres.
- En la Sala, dos o tres veces por semana se abre la biblioteca ambulante: Se dispone una manta que delimita el espacio de lectura y "contiene" a los niños predisponiéndolos al momento de lectura.

**TIEMPO ESTIMADO:** dos semanas

## Cómo acercar los libros a las familias:

- En la reunión de padres se va a narrar el cuento *La ofi-cina de los besos perdidos*, contando que se trabajo en estos quince días. Como cierre se entregarán los besos a los papás. El cuento tiene un contenido que hace reflexionar a los padres sobre los tiempos acelerados en los cuales vivimos. Se concluye la reunión comentando la lectura y el proyecto de Biblioteca Ambulante para 4 años, cuyo objetivo principal, entre otros, es detenernos a encontrar un momento de calidad con nuestros hijos a través de la lectura de un cuento.
- Se pide colaboración a los padres para ampliar la Biblioteca de las Salas a través de la donación de libros usados o nuevos. Se les recomienda que los niños participen en la compra de los mismos o en la elección de los libros que se van a donar.
- Se invita a los padres a ver la exposición del mural y el libro de los besos que se realizará en la escuela.

## Estrategias para la continuidad del proyecto:

- Se continuará el proyecto incorporando dos títulos más *El pájaro del alma* de Mijal Snunit, Fondo de Cultura Económica, México, 1993, y *El punto* de Peter Reynolds, Editorial Serres, Barcelona, 2005.

- Se continúa con el proyecto de la Biblioteca Ambulante, donde los cuentos viajan de sala en sala y también van a las casas. En el mismo sostenemos al libro como un recurso cotidiano y familiarizamos al niño con diversos textos. También se trabaja con el cuidado del libro y su uso. La responsabilidad de devolverlo y la posibilidad para que los padres lean a sus hijos. En cada sala contamos con cajas que contienen nuestros cuentos, material que renovamos mensualmente intercambiando los libros con otras salas.

- La adaptación para la sala de 4 años se dará de la siguiente manera: los alumnos se llevarán los cuentos, todos con contenidos reflexivos y para pensar. Se propondrá a las familias una lectura compartida y una devolución en forma de collage, dibujo o reflexión, la cual compartiremos en las salas. Cuidadosamente armaremos un libro que registre el trabajo realizado por los niños y sus familias durante el año. Al finalizar, en la última reunión de padres, se compartirá el libro con ellos, junto con el otro material realizado en clases (el mural, el libro de los besos, los dibujos y el registro de anécdotas).

## Registro de las actividades realizadas:

El registro anecdótico, los dibujos realizados por los niños, las devoluciones de las familias, el decir de los chicos.

Observar si hay cambios en el vocabulario a la hora de expresarse y si los niños pueden contar lo que les pasa y cómo se sienten cuando se los indaga o bien en forma espontánea.

Para el registro anecdótico se destinará un cuaderno donde la maestra tomará nota de lo que los niños dicen, hacen y expresan.

Las devoluciones de las familias quedarán registradas en el armado de un libro común que luego viajará por las casas.

El registro del armado del libro de los besos también viajará por las casas y quedará en la sala como documento de registro de actividades.

# EXPERIENCIAS
# DE INICIATIVA PÚBLICA
# POR LA PROMOCIÓN DE
# UNA EDUCACIÓN NO SEXISTA
# REALIZADAS EN ROSARIO

# "Juego y Juguete no sexista, no violento"

El Municipio de Rosario (Argentina) tiene una trayectoria de 25 años de trabajo en pos de la Igualdad entre varones y mujeres. En ese marco se inscribe la Ordenanza N° 8385, que establece la realización de una campaña anual de sensibilización respecto de la importancia del juego y de los juguetes en el estímulo de valores, actitudes y sentimientos solidarios, igualitarios y cooperativos para el desarrollo de todas las potencialidades humanas de niños y niñas en las distintas etapas de la vida.

*Argumentar y estar a favor de los juegos no sexistas no es imponer, forzar o prohibir a los niños jugar con mecanos, coches o motos ya las niñas con cocinas o muñecas, todo lo contrario, es anular prohibiciones; permitir que niñas y niños jueguen indistintamente del sexo que tengan. Defendemos que a partir de las diferencias personales cada niño, cada niña, pueda desarrollar sus capacidades y aptitudes al máximo, al margen de estereotipos impuestos. Proponemos romper limitaciones artificiales y abrirnos a inventar, crear o rescatar formas de juego no sexista.*

*La publicidad también Juega.*
Instituto de la Mujer
de la Junta de Andalucía
www.juntadeandalucia.es

## Recomendaciones para la compra de juegos y juguetes

Orientando en la elección de los juegos y juguetes también se educa.

El juego y el juguete son universos emblemáticos de la niñez, y nadie pone en duda la importancia de los mismos para el desarrollo psicológico de las niñas y los niños. Es una vital forma de divertirse, relacionarse y aprender, desarrollando actitudes y habilidades necesarias para la vida. Con los juegos se representan roles, se favorece la imaginación, la maduración y el pensamiento creativo.

Pero, ¿todo juego y juguete tiene efectos positivos en el desarrollo?

Los adultos/as, tutores/as, cuidadores, deben plantearse cuáles son los más adecuados para cada niño/a. Las publicidades dirigen en la mayoría de los casos sus elecciones, y no siempre es lo mejor ni lo que más se ajusta a su edad ni a sus verdaderos gustos o preferencias.

En muchas ocasiones los mensajes tienen innumerables rasgos sexistas que limitan su elección o el aprendizaje de ciertas actitudes y habilidades que pueden coincidir o no con su personalidad. Sus gustos y preferencias están mediatizados y conectados a la sociedad de consumo.

Es aquí cuando los grupos familiares, educadores y educadoras tienen que intervenir para ayudarles en esa elección tan importante.

Teniendo en cuenta que los juegos y juguetes pueden favorecer la modificación de conductas, actitudes y valores, queremos desde estas recomendaciones destacar la incidencia que podemos tener las personas adultas si analizamos e intervenimos adecuadamente en su elección.

## Si estás buscando juegos y juguetes:

- Tené en cuenta que sean seguros, acorde a la edad y libres de prejuicios sexistas.
- Recordá que jugando se aprende; no existen juguetes de niñas y niños. Elegí aquellos que trasmitan esa idea.

- No hay colores de niños o niñas, sólo etiquetas que limitan la creatividad.
- Es valioso tener en cuenta los que reflejen la personalidad y formas de ser en desarrollo de cada niño/a.
- Buscá juguetes que contemplen a niñas y niños compartiendo espacios, tanto públicos como domésticos. Así aprenderán un mundo más libre e igualitario.
- Regalá juguetes que promuevan todas las habilidades y capacidades humanas, posibilitando la integración, la tolerancia, la paciencia, la perseverancia, así como aquellos que impulsen el desarrollo psicomotriz para llevar adelante desafíos corporales, individuales y grupales.
- Buscá juguetes que potencien la igualdad en la participación y el desarrollo de sentimientos y afectos en niñas y niños.
- Evitá aquellos que fomenten el trato violento entre ellos/as. Privilegiá los que estimulen la resolución de conflictos en forma positiva, constructiva y creativa.
- Buscá libros, juegos, videojuegos y juguetes en los que se nombren y estén presentes niñas y niños, en los posible con roles intercambiables y posibilidades de construirse en igualdad y libertad.
- Promové el diálogo en los grupos familiares, escuelas y organizaciones en relación a la publicidad de juegos y juguetes con el fin de reflexionar sobre las imágenes y valores que se trasmiten.
- Evaluá su impacto en el medioambiente, su procedencia y su relación con la igualdad y convivencia social.
- Por último, siempre tené en cuenta que deben divertir, educar y desarrollar la imaginación. Un buen juguete desarrolla la fantasía del niño/a, a la vez que divierte y educa.

# "Había una vez, había dos, había tres…"

**OBJETIVO:** Promover la construcción de relatos en los que las representaciones de lo femenino y lo masculino no estén atravesadas por una mirada sexista.

El cuento, sea en formato oral o impreso, ha sido un soporte de transmisión cultural que se ha ido conformando en un vehículo educativo a lo largo del tiempo.

A través del cuento se han inculcado a distintas generaciones valores y normas dominantes, socializando a niñas y niños. Como un valioso recurso didáctico ha asistido a objetivos que tienen que ver tanto con la enseñanza de la lengua como con la difusión de contenidos conceptuales. También ha sido empleado como disparador de diferentes actividades enlazadas con esa maravillosa posibilidad de escuchar o leer historias.

Si uno de sus principales propósitos es el goce, el disfrutar de estas situaciones narradas, de personajes, de fantasías y realidades, también tiene una implicancia como herramienta socializadora en tanto elemento legitimador de instituciones y como vehículo de modelos identificatorios.

Si en los cuentos, a través de la construcción de los personajes que habitan dichos decires y sentires, se pueden plasmar distintas actitudes, roles, funciones, sentimientos y emociones, creemos que los mismos no tienen como única finalidad posible la perpetuación de la cultura vigente. Creemos que es posible instalar nuevas identificaciones y resignificaciones que tengan una incidencia en la formación de personas capaces de convivir

con las diferencias, sin jerarquizaciones ni discriminaciones, sin coerción ni violencia.

En los cuentos tradicionales, **ellas** siempre esperan, cosen, lloran, dependen de... limpian, son pasivas, indecisas, hadas, princesas o brujas.

Y **ellos** luchan, salvan, rescatan, son independientes, valientes, eficaces, decididos, activos, príncipes.

Entre estos estereotipos se va conformando la identidad de género... Con los cuentos se enseña a las niñas a que con un beso se puede transformar a los varones en príncipes azules: sólo hay que amarlos y entregarse por completo ya que el amor lo puede todo.

A los niños se les enseña que tienen que conquistar siempre para sentirse verdaderamente hombres: así son valorados por los otros hombres y deseados por las mujeres.

Pero... ¿hay otras formas de ser y estar en el mundo para ellas/os?

**OBJETIVO:** Reflexionamos con los niños y niñas sobre los cuentos tradicionales y la repetición de narrativas que reproducen mitos y mandatos donde las diferencias de roles, funciones, formas de ser, están naturalizadas y cristalizadas según los géneros. Los estereotipos relacionados a cualidades antagónicas y excluyentes, como pares contrarios, favorecen la cultura sexista y por ende la violencia de género.

El presente concurso quedó plasmado en una publicación de los cuentos seleccionados que se presentó en el marco de la Red de Ciudades Educadoras que integra la ciudad de Rosario, Argentina.

# ACTIVIDADES PARA REALIZAR CON PADRES, MADRES Y NUEVAS FAMILIAS, CON EL PROPÓSITO DE ILUSTRAR DISTINTOS ACERCAMIENTOS A LA IMPLEMENTACIÓN DE NUEVAS PRÁCTICAS EDUCATIVAS

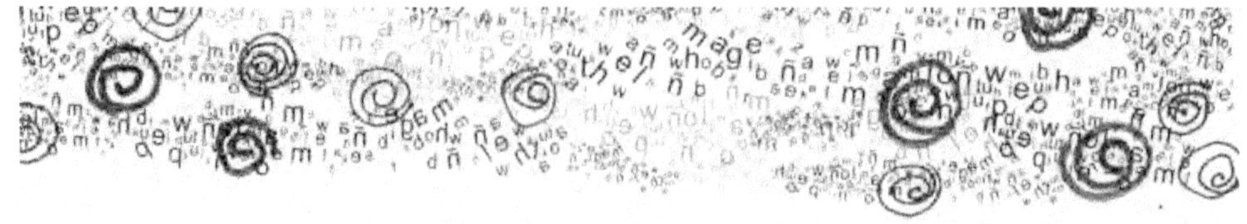



# Cuestionando celebridades

Esta actividad –pensada para docentes, madres, padres y familias– tiene por objetivo poner en contacto a éstos con técnicas que facilitan el acceso a un lenguaje no sexista ni discriminador. Se trata de un ejercicio que posibilita que adultas y adultos también se conviertan en un importante eslabón en el desarrollo de la educación no sexista.

El objetivo consiste en examinar frases, expresiones y narraciones de diferente origen y contexto, todas atribuidas a célebres personalidades de la historia universal, que han ido abonando un "sentido común" sexista y discriminador.

**Preguntas para guiar la reflexión:**

- ¿Qué estereotipos de género podemos extraer de estas frases?
- ¿Qué género esta ligado a la naturaleza y cual a la cultura?
- ¿Es posible transformar dichas narrativas sustentadas a través de la historia?
- ¿Qué mitos y mandatos podemos extraer de las mismas?
- ¿Qué dispositivos educativos podemos nombrar que reproduzcan dichas narrativas?

**Frases célebres para pensar antes de repetir
(y no repetir sin pensar)**

*Una casa será fuerte e indestructible cuando esté soste-
nida por estas cuatro columnas: padre valiente, madre
prudente, hijo obediente, hermano complaciente.*

Confucio

*Si usted quiere saber lo que una mujer dice realmente,
mírela, no la escuche.*

Oscar Wilde

*...como hemos visto, la ciencia de la
administración doméstica tiene tres
partes: una la relación del dueño al
esclavo... otra, la relación paterno-filial,
y la tercera, la relación conyugal...
pues es una parte de la ciencia doméstica el gobernar a la esposa y a los hijos
—a unos y a otra como a hombres
libres, aunque no con el mismo sistema
de gobierno, sino ejerciendo sobre la*

*esposa un gobierno de tipo "político"
y sobre los hijos un gobierno de tipo
monárquico—; el varón, en efecto, es,
por naturaleza, más apto para el mando
que la mujer...*

Aristóteles

*El hombre debe ser educado para la guerra y la
mujer, para la recreación del guerrero: todo lo
demás es tontería.*

Friedrich Nietzsche

*La educación de las mujeres siempre debe ser
relativa a los hombres: agradarnos, sernos
de utilidad, hacernos amarlas y estimularlas,
educarnos cuando somos hombres y cuidarnos
cuando somos adultos, aconsejarnos, consolar-
nos, hacer nuestras vidas fáciles y agradables.*

Juan Jacobo Rousseau

Como individuo la mujer es un ser endeble y
defectuoso.

Santo Tomás de Aquino

La mujer está donde le corresponde. Millones de
años de evolución no se han equivocado, pues
la naturaleza tiene la capacidad de corregir sus
propios defectos.

Albert Einstein

La gran pregunta que nunca ha sido contestada
y a la cual todavía no he podido responder, a
pesar de mis treinta años de investigación del
alma femenina, es: ¿qué quiere una mujer?

Sigmund Freud

*La mujer está destinada a los efectos dulces y
tiernos. Sus palabras deben ser una gota de miel
en las amarguras de la vida; su sonrisa un rosado
crepúsculo, brillando sobre las sinuosidades obs-
curas de la inteligencia; mancha, penetrando
hasta los abismos de nuestro corazón, y ciñendo
con su aureola melancólica y santa todas nuestras más febriles y exaltadas pasiones.*

Emilio Castelar

# Taller de sensibilización para padres, madres y educadores

> *La extorsión, el insulto, la amenaza, el coscorrón, la bofetada,
> la paliza, el azote, el cuarto oscuro, la ducha helada, el ayuno
> obligatorio, la comida obligatoria, la prohibición de salir,
> la prohibición de decir lo que se piensa, la prohibición
> de hacer lo que se siente y la humillación pública so*
> *algunos de los métodos de penitencia y tortura
> tradicionales en la vida de familia. Para castigo
> de la des-obediencia y escarmiento de la libertad,
> la tradición familiar perpetúa una cultura del
> terror que humilla a la mujer, enseña a los hijos
> a mentir y contagia la peste del miedo.*
>
> *Los derechos humanos tendrían que empezar
> por casa.*
>
> Eduardo Galeano
> "La cultura del terror 2", *El libro de los abrazos*

**OBJETIVO:** Reflexionar con los adultos/as cuidadores de niños y niñas sobre aspectos ligados a su educación en los ámbitos familiares, el buen trato y la comunicación.

**CONSIGNAS:**
- Organizar grupos de entre 4 y 6 padres/madres/cuidadores/otros familiares para analizar frases respecto a dichos cotidianos en relación a hijos e hijas.
- Entregar las tarjetas con frases de sensibilización.
- Analizar en grupos:
    - ¿Describen realidades cotidianas? ¿Por qué?
    - ¿Qué efectos tienen estas frases en los niños/as?
    - ¿Qué justificaciones subyacen en estos decires?

## Tarjetas de sensibilización para padres, madres, cuidadores

Se distribuirán tarjetas con las siguientes inscripciones entre los asistentes al taller, organizados en grupos:

"Este chico es un monstruo."

"A mí no me va a ganar."

"No soporto que haga estas cosas."

"Este pibe me vuelve loca."

"Siempre va a ser lo mismo
si no lo castigo de veras."

"Me provoca todo el tiempo."

"No me hace caso y no me respeta."

"Tengo ganas de sacudirlo."

"¡Cómo no se da cuenta de lo que hace!"

"¡Sos un estúpido! ¡Sólo un idiota haría eso!"

"¿Y por esta pavada me estás molestando?"

"Estoy muy ocupada/o para perder
el tiempo con esto."

"No es mi culpa,
yo siempre me esfuerzo en enseñarte."

"Estudiá algo más femenino."

"Vos, siempre el mismo,
no sos capaz de aprender."

## Preguntas para guiar la reflexión

- ¿Qué representación de infancias surgen en estas expresiones o dichos?
- ¿Qué efectos pueden llegar a producir tales enunciados?
- ¿Qué transformaciones deberíamos incorporar para el buen trato?

# Conclusiones generales

A punto de finalizar el viaje, con el horizonte a la vista, es necesario retomar la pregunta inicial de este texto:

Así como esta pregunta nos conduce inexorablemente a una revisión de nuestros modelos socio-culturales, a poner en crisis representaciones sociales que se identifiquen con la desigualdad o las distintas formas de discriminación, significa a la vez un paso más hacia una plena consolidación de una educación no sexista

Un proceso del que no está ajena la institucionalización de la perspectiva de género. Esto significa la puesta en marcha de una perspectiva teórica referida a una concepción acerca de las mujeres, pero también de un universo mucho más amplio en el cual debe incluirse y articularse el concepto de cambio social ya que una de las condiciones de la realidad es su carácter dialéctico.

El desarrollo de nuevas actitudes y habilidades para una convivencia más justa entre niños y niñas, entre varones y mujeres, entre todos y todas; alcanzar una convivencia igualitaria; respetando las diferencias, sin jerarquizarlas, exige una participación social que implique a todos los actores sociales.

La efectividad de los procesos de cambio no sólo debe reasegurarse a través de la creación de instituciones que lo propicien sino que además y fundamentalmente dichas instituciones deben poseer la flexibilidad necesaria para atender los requerimientos de sus destinatarias y destinatarios.

El viaje es largo; el desafío, enorme, pero ya estamos andando.

*"Caminante, son tus huellas el camino y nada más.*
*Al andar se hace camino y al volver la vista atrás*
*se ve la senda que nunca se ha volver a pisar.*
*Caminante, no hay camino, se hace camino al andar.*
*Caminante, no hay camino sino **estelas en la mar...**"*

Antonio Machado

# Calendario anual de género

## 6 de febrero
Día Mundial Contra la Mutilación
Genital Femenina

## 12 de febrero
Día Mundial Contra la Utilización
de Niñas y Niños Soldados

## 8 de marzo
Día Internacional de los Derechos
de la Mujer

## 21 de marzo
Día Internacional de la Eliminación
de la Discriminación Racial

## 4 de abril
Día Internacional contra
la Prostitución Infantil

## 30 de abril
Día Nacional de la Niñez
y la Recreación

## 28 de mayo
Día Internacional de Acción
por la Salud de las Mujeres

## 21 de junio
**Día Internacional de la Educación
No Sexista**

## 25 de junio
Día Mundial de la Diversidad Sexual

## 9 de julio
Día Mundial de Destrucción de Armas

## 22 de julio
Día Internacional
del Trabajo Doméstico

## 25 de julio
Día Internacional
de la Mujer Afrolatinoamericana
y Afrocaribeña

## 8 de septiembre
Día Internacional de la Ciudadanía
de las Mujeres

# 21 de septiembre
Día Internacional de la Paz

# 23 de septiembre
Día Contra la Explotación
y Tráfico de Mujeres

# 28 de septiembre
Día Internacional por los Derechos
Sexuales y Reproductivos

# 15 de octubre
Día Mundial de la Mujer Rural

# 25 de noviembre
Día Internacional de la No Violencia
contra las Mujeres

# 10 de diciembre
Día Mundial de los Derechos Humanos

# Bibliografía


AA.VV. (s/f) Intendencia Municipal de Montevideo. *Manual para Equipos de Salud*. "Talleres educativos en salud y género".

AA.VV. (2007) *Sexismo en el lenguaje*. Área Mujer. Municipalidad de Rosario.

ARANA, I. (2005) "Formación androcéntrica y saberes postergados", en Revista *Novedades Educativas*. (Disponible en: http://mail.repem.org.uy)

ARAYA UMAÑA, S. (2004) "Hacia una educación no sexista", en Revista Electrónica *Actualidades Investigativas en Educación*. Vol. 4, N° 2. Universidad de Costa Rica, San José.

ÁREA QUEER (2007) *Medios de Comunicación y Discriminación, Desigualdad de Clase y Diferencias de Identidades y Expresiones de Géneros y Orientaciones Sexuales en los Medios de Comunicación*. Facultad de Filosofía y Letras. UBA, Buenos Aires.

BENEDETTI, M. (1979) "Botella al mar", en *Confesiones*. Audio del poema recitado por el autor disponible en http://www.poemas-del-alma.com/

BOURDIEU, P. (2004) *La dominación masculina*. Anagrama, Barcelona.

CABALLERO, Z. (1996) "Géneros y Estereotipos", en *Revista Zona Franca*, Año IV, N° 5 FHyA. UNR, Rosario.

CARLI, S. (2011) *La memoria de la Infancia*. Paidós, Buenos Aires.

CONTRERAS, G. (2004) "Estrategias para la construcción de una escuela inclusiva".

CONVENCIÓN INTERAMERICANA PARA PREVENIR, SANCIONAR Y ERRADICAR LA VIOLENCIA CONTRA LA MUJER. Área Mujer. Secretaría de Promoción Social. Rosario.

DI TELLA, T; CHUMBITA, H.; GAMBA, S. (1989) *Diccionario de Ciencias Sociales y Políticas*. Emecé, Buenos Aires.

EDUC.AR: http://www.educ.ar/recursos

EQUIPO DE EDUCACIÓN NO SEXISTA (2012) Proyecto "Educando en los afectos, educando en la igualdad". Instituto Municipal de la Mujer. Rosario. Mimeo.

ESPINAR RUIZ, E.; PÉREZ, M. A. (2007) *Violencia de género. Reflexiones conceptuales, derivaciones prácticas*. Papers. Revista de sociología. Número 86. Barcelona.

Fernández, A. M. (1993) *La Mujer de la Ilusión: Pactos y contratos entre hombres y mujeres*. Paidós, Buenos Aires.

Ferraro, M. (2010) Proyecto "Jugando a la Igualdad". Innova y Cohesión Social. Capacitación metodológica. Mercociudades. Mimeo.

Ferreira, G. (1998) *Manual de Capacitación y Recursos para la Prevención de la Violencia Familiar*. Asociación Argentina de Prevención de la Violencia Familiar. Buenos Aires.

Gamba, S. (coord) (2002) *Diccionario de Estudios de Género y Feminismos*. Biblos, Buenos Aires.

Gómez Suárez, A. (2009*) El sistema sexo/género y la etnicidad: sexualidades digitales y analógicas,* en Revista Mexicana de Sociología. Vol 71, N° 4. México. Disponible en: http://www.scielo.org.mx

Heller, A. (1994) *Sociología de la vida cotidiana*. Ediciones Península, Barcelona.

Hiriart, A. (1996) *El ABC del periodismo no sexista*. Fempress. Disponible en: http://www.mujeresenred.net/spip.php?article103

Mejía de Camargo, S. (2000) *El buen trato en la familia y la escuela*. Fundación Restrepo Barco, Bogotá. Disponible en: http://vivainformado.files. wordpress.com/2011/05/buen-trato-colombia.pdf

Morgade, G. (2011) *Toda educación es sexual*. La Crujía, Buenos Aires.

Morgade. G. "Educación en la sexualidad desde el enfoque de género. Una antigua deuda de la escuela". Disponible en: http://www.arzeno.edu.ar/

Pateman, C. (1998) *El contrato sexual*. Anthropos, México.

Rodríguez Durán, A. (2006) "Armando el rompecabezas: factores que intervienen en la violencia de género". En: *Femenías*, M. L. (comp) *Feminismos de París a La Plata*. Catálogos, Buenos Aires.

Rotondi, G. (2009) *Equidad de género en el sistema educativo: una apuesta*. Escuela de Trabajo Social. UNC, Córdoba.

Rubin, G. (1996) "El tráfico de mujeres: notas sobre la economía política del sexo". En Lamas, M. (comp) *El género: la construcción cultural de la diferencia sexual*. PUEG-UNAM, México.

Sánchez Álvarez, P. "¿Qué es el sexismo?". Disponible en: http://diversidad. murciaeduca.es/orientamur/gestion/documentos/definicion_de_sexismo.pdf

Secretaría de Salud Pública de la Municipalidad de Rosario (2007) *Derechos sexuales y reproductivos. Jornadas de capacitación de Equipos de Salud*. UNR Editora, Rosario.

Servetti, M. F. (2010) "Un análisis a la dicotomía Público-Privado desde las perspectivas feministas. Debates y propuestas de acción política". En: http:// cefys.org.ar/mesas/2010/servetti

Scott, J. (1993) "El Género. Una categoría útil para el análisis histórico". En: Cangiano, M., Dubois, L. (comps.) *De mujer a género*. CEAL, Buenos Aires.

Soto Guzmán, G. (2013) "Nuevas masculinidades o nuevos hombres nuevos: El deber de los hombres en la lucha contra la violencia de género", en

*Scientia Helemantica. Revista Internacional de Filosofía*. Número 1, Universidad de Salamanca/Universidad de Valladolid. (Disponible en: http://revistascientiahelmantica.usal.es/docs/Vol.01/06.-Nuevas-masculinidades-o-nuevos-hombres-nuevos.pdf

Spinoza, B. (2010) *El Tratado Político*. Alianza, Madrid.

Tatian, D. (2002) *La cautela del salvaje: Pasiones y política en Spinoza*. Adriana Hidalgo Editora, Buenos Aires.

Valdivieso, S. (2000) "Identidad y diferencia: comentarios desde la diversidad".